D'après la série télévisée OZIEBOO!
sur une idée originale de O.Lelardoux / P.Sissmann / Billy

Ce titre est repris de l'épisode TV *Le ballon rouge*
écrit par Catherine Teissandier / Chanson Pierre De Surville

Adaptation : Lise Boëll, Marie-Céline Moulhiac
Conception graphique : Luc Doligez

Publication originale :

22, rue huyghens, 75014 Paris
www.albin-michel.fr

ISBN : 2-226-17432-X
Achevé d'imprimer en Italie
Dépôt légal : septembre 2006

Ozie Boo!

Fred et son ballon rouge

Albin Michel

NED
NELLY
ED
FRED
TED

« Bonjour, bonjour, les Ozie Boo,
On danse, on chante,
on fait tous les fous,
Plein de poutous, plein de bisous
Bonjour, bonjour les Ozie Boo. »

– Coucou, je m'appelle Fred
et je suis le sportif du groupe !
Regarde, mon nouveau ballon
jaune et rouge ! C'est chouette,
je vais pouvoir jouer avec tous
mes copains.

Fred épate Nelly et Ed en faisant
rebondir le ballon sur sa tête,
puis sur son dos et ses bras.
Mais il s'amuse tellement
qu'il en oublie ses amis.

– Fred, nous aussi,
nous aimerions bien jouer !
s'exclame Nelly.

Le ballon a rebondi très loin
sur la banquise. Fred
se précipite pour aller
le chercher. Il le lance
une nouvelle fois à Nelly,
mais encore trop fort !
– Attention Nelly, tu es prête !

je SHOOOOOOOOTE !

PLOUF !!!

Le ballon est tombé dans l'eau glacée. Comment faire pour le récupérer ? Nelly est très en colère.

– Oh zut ! s'exclame-t-elle. Maintenant, on ne peut plus jouer. C'est de ta faute, Fred !

Heureusement, Mel la petite étoile
de l'océan Arctique, a une idée !
Elle appelle Wally et Polly
les malicieux dauphins Bélugas.
Ils adorent nager dans les eaux
froides !

– Merci les amis ! s'exclame
Mel. Vous avez récupéré
notre ballon.

Le jeu peut continuer ! Tous nos amis sont prêts pour une partie de foot ! Mais attention à ne pas perdre le ballon. Fred a installé une cage.

– C'est moi le gardien de but !